DE TOP 100

499,-

Van Henk Spaan verschenen:

Kermis op de Dam
Appels en peren
De zoon van Cruijff
en andere gedichten
Mijn dochter voetbalt ook

DE

TOP

100

HENK SPAAN
DE BESTE NEDERLANDSE VOETBALLERS VAN DEZE EEUW

Uitgeverij l. J. Veen Amsterdam / Antwerpen

© 1998 Henk Spaan
Alle rechten voorbehouden

Omslagontwerp: KesselsKramer
Foto auteur: Hans Heus
Typografie: Betty's Art Work

Met dank aan Matthijs van Nieuwkerk

D/1998/0108/614
ISBN 90 204 5942 2
NUGI 464

INHOUD

11   Top 100

91   Lijst van de beste honderd

95   Maak uw eigen lijstjes en opstellingen
(met hulp van Henk Spaan)

VOORWOORD

Waarom neemt Hans van Breukelen wel de laatste plaats in van een top honderd aller tijden van Nederlandse voetballers en Oeki Hoekema niet?

Aanvankelijk stónd Oeki op nummer honderd, een positie voor een verliezer die tegelijkertijd winnaar is: hij verslaat immers de duizenden naamlozen onder hem.

Later besefte ik dat Hans van Breukelen de geboren blikvanger voor zijn positie is. Hij stopte een penalty in een Europacup finale, deed hetzelfde in München '88 tegen Rusland, maar is ook de man die de door een graspol van richting veranderde bal moest nastaren, een lulligheidje vergelijkbaar met Hilbert van der Duims vogelpoep. Er ging een streep door de naam van Oeki Hoekema.

Zijn er door de samensteller van de lijst consequente criteria gehanteerd? Nee. Is het al onmogelijk om Clarence Seedorf te vergelijken met Jan Notermans, de vraag 'wie is beter, Cor Veldhoen of Frans de Munck' is helemaal niet te beantwoorden. Veldhoen kon niet keepen en De Munck had geen sliding.

Statistische overwegingen hebben geen rol gespeeld. Arie Haan heeft veel meer bekers gewonnen dan Wim van Hanegem. Toch hoeft het antwoord op de vraag wie van deze twee halfspelers de veters van de andere nog niet mocht vastknopen, niet te worden voorgezegd.

Een oververtegenwoordiging van voetballers uit de tweede helft van de eeuw ligt voor de hand: het betaalde voetbal begon in 1954. Daarna ging het spelpeil omhoog. Bij de invoering van het totale professionalisme, ergens laat in de jaren zestig, werden Nederlandse voetballers nog beter. Wie twee keer per dag traint, kan met minder aangeboren talent toe dan hij die drie keer per week komt oefenen.

Soms zegt een statistiek alles. De meesten onder ons zullen Kick Smit en Bep Bakhuys nooit hebben zien spelen. De eerste maakte 26 doelpunten in 29 interlands, de tweede scoorde 28 keer in 23 interlands. Dit moeten grote spelers zijn geweest.

Bij twijfel – en ook bij het ontbreken ervan – waren het geheugen en de voorkeuren van de samensteller van de lijst doorslaggevend. Er is dus sprake van subjectiviteit, waarvan ruimte voor discussie het logische gevolg is.

Waarschijnlijk bieden zelfs de posities 91 tot en met 100 al aanleiding tot gespreksstof, wanneer ik daaraan kan toevoegen dat behalve Oeki Hoekema ook Kees Kuys, Jan Jongbloed, Sonny Silooy, Ronald Spelbos, Hans Kraay, Klaas Nuninga, Adrie van Kraaij, Huub Stevens, Michel Valke, Pier Tol, Hans Venneker en Wiel Teeuwen de top honderd niet hebben gehaald en Jo Bonfrère wel.

Henk Spaan

FOTO REUTERS

100 Hans van Breukelen (1956)

Zijn dieptepunten staan even duidelijk op het netvlies als zijn successen. Ik herinner me van hem een doorgelaten 35 meter-schot van Enzo Scifo in een halve finale Uefa Cup, die veertien jaar later bleek te zijn gekocht door Anderlecht middels een 'lening' aan de scheidsrechter. Als Constant Vandenstock vooraf had geweten dat de keeper van Nottingham Forest die dag de vorm niet had, zou hij nog steeds een Brusselse notabel zijn.

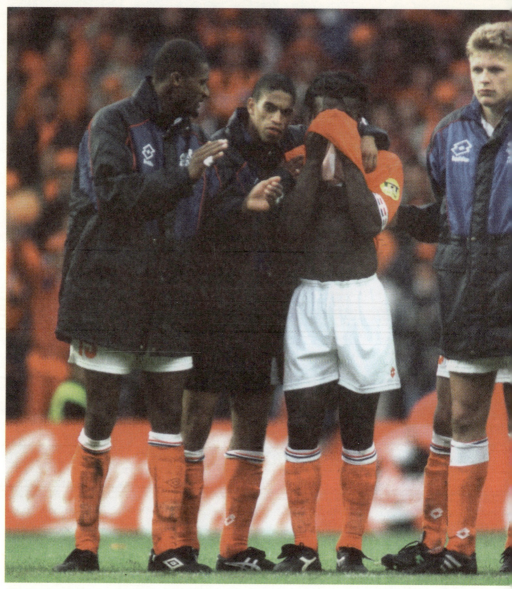

Clarence Seedorf (m.) nadat hij een strafschop had gemist tegen Frankrijk in de kwartfinale van het EK 1996.

99 Clarence Seedorf (1976)

Een groeibriljant, wiens grote zelfvertrouwen in overeenstemming is met zijn talent, maar nog niet helemaal met zijn prestaties in het veld. Gaat een beetje gebukt onder het gewicht van zijn ego. Is een mogelijke kandidaat voor de top twintig, mits hij zich de deugd van de totale ondergeschiktheid eigen maakt. Zie: Frank Rijkaard en Wim Jansen.

FOTO KLAAS JAN VAN DER WEIJ

98 Peet Petersen (1941-1980)

Eén jaar de vervanger van de geblesseerde Piet Keizer bij Ajax en éénmaal in het Nederlands elftal: op 2 mei 1963 speelde Nederland tegen wereldkampioen Brazilië, met Gylmar, Amarildo en Pele. Ik lag onder de dekens met zelfgebouwde kristalontvanger stiekem aan het oor. We wonnen met 1-0. Ik mocht niet juichen. Peet Petersen verdiende zijn plaats in de legende door één minuut voor tijd het winnende doelpunt te maken.

FOTO SPAARNESTAD

97 John van 't Schip (1963)

Geen bikkelaar. Wel een achteloze techniek en een formidabele, in een hoek van 45 graden geschoten voorzet. Dolde tegen Genua Branco op de vierkante meter. Speelde 41 interlands, waarvan de beruchtste, op 24 juni 1990 in Milaan, zijn beste was. Van 't Schip heeft gevoel voor dat soort ironie.

FOTO GEORGE VERBERNE

FOTO DAGBLADUNIE

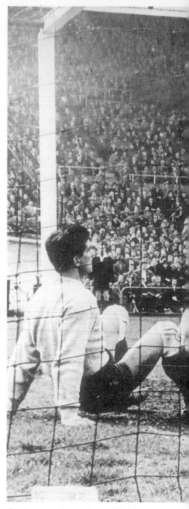

Omhaal van Humphrey Mijnals

96 Rinus Bennaars
(1931)

Een van de sterren uit Feyenoords Europa-Cupgeschiedenis. De oude koningin Wilhelmina ging dood en Feyenoord moest tegen Vasas. Het goede nieuws was: we kregen vrij van school; het slechte: Vasas-Feyenoord kwam niet op de televisie. Rouw. Na twee gelijke spelen maakte Bennaars in de beslissingswedstrijd in Antwerpen het winnende doelpunt. Feyenoord ging door tegen Stade de Reims met Kopa en Piantoni. We wonnen.

95 Humphrey Mijnals
(1929)

De eerste zwarte international. 'Soepel' was het bijvoeglijk naamwoord dat aan zijn naam en spel steevast voorafging. Driemaal verving hij de grote Cor van der Hart in het Nederlands elftal, de laatste keer in de tweede helft van de interland in en tegen Suriname (3-4), waarin opgenomen Sparendam en Wooter.

FOTO J.A. VAN GEEST

94 Hans Eykenbroek
(1940)

Steunpilaar van de tweede versie van het Grote Sparta. Na de voorhoede Keizer, Cruijff, Groot, Swart, was die van het Sparta uit die dagen de beste clubvoorhoede uit de Nederlandse voetbalgeschiedenis: Kristensen, Klijnjan, Kowalik, Heyerman.

FOTO VAN DE REIJKEN

93 Fons van Wissen (1933)

Debuut tegen België in 1957. Dertig interlands. Zwoegende halfspeler met verworven technische vaardigheden. Raakte eens tijdens een competitiewedstrijd voor PSV een contactlens kwijt, wat een mooie krantenfoto met op handen en voeten door het gras sluipende eredivisiespelers tot gevolg had.

FOTO GEORGE VERBERNE

91 Dick van Dijk
(1946-1997)

Ach, Dick. Onbeschrijfelijke sympathie. Had zijn vaste plaats aan de bar van hotel La Colombe d'Or in St. Paul. Riep tijdens het bestellen van een whiskey nonchalant 'Drs. Plageman' over zijn schouder op de quizvraag naar de eerste doctorandus in het betaalde voetbal. Verdiende plaats in de top honderd door te scoren in een Europa Cup 1-finale, geen klein wapenfeit.

FOTO ROB VOS

92 Adri van Tiggelen (1957)

Bikkelhard. Man die Berry van Aerle tot voorbeeld was bij diens keuze voor het beroep van postbode. Prototype van voetballer die kan zeggen: 'Ik heb alles uit mijn carrière gehaald wat erin zat.' De aanvankelijk razendsnelle meedogenloze mandekker bracht het tot 56 interlands!

FOTO KIPPA

90 Jo Bonfrère (1946)

In Nigeria: Bonfrère Joe. Onuitwisbaar bovengebit. Liet Brokamp schitteren. Besefte pas later hoe belangrijk hij voor MVV geweest was, een gebrek aan realiteitszin dat ten onrechte bescheidenheid wordt genoemd. Speelde 333 wedstrijden voor MVV.

Henk Schouten FOTO R. V.D. REIJKEN

89 Henk Schouten (1932)

Begaafde vleugelmaat van de jonge Coen Moulijn. Ik was hem wel eens op straat: soms Puskas, soms Schouten. Maakte in het seizoen '55-'56 voor Feyenoord negen doelpunten tegen de Volewijckers (11-4). Speelde maar twee interlands na zijn opmerking tegen een official die hem verweet niet genoeg te lopen 'de volgende keer dan maar een locomotief op te stellen'.

Theo Laseroms

FOTO GER DIJKSTRA

88 Theo Laseroms (1940-1991)

Kon goed voetballen, maar ontdekte dat schoppen meer geld opleverde. De anekdote is dat Jan Mulder zich tijdens een wedstrijd Anderlecht-Feyenoord bij Rinus Israel beklaagde over Laseroms' gebrek aan nuance. Even later ging Jan hoog de lucht in na Israels twintig meter lange sliding. Laseroms kwam Cruijff altijd even waarschuwen die dag het strafschopgebied te mijden. Johan begreep wat hij bedoelde.

Frits Flinkevleugel (links) en Wim Suurbier   FOTO WIM VAN ROSSUM

87 Frits Flinkevleugel (1939)

Tegen hem had noch Keizer, noch Moulijn ooit iets in te brengen. Ik herinner me een DWS-Feyenoord waarin Moulijn, tot grote woede van medespelers en trainer, de hele eerste helft ter hoogte van de middenlijn het gras bestudeerde. Zo was Coen. Die uitwerking had Frits.

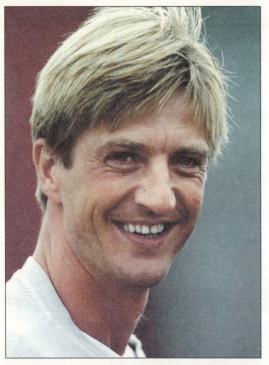

Wim Kieft — FOTO LEO VOGELZANG

86 Wim Kieft (1962)

Heeft betere cijfers dan men vermoedt. Scoorde elf doelpunten in 43 interlands, waaronder die glorieuze, effectvolle, halve kopbal tegen Noord-Ierland in 1988. Maakte als teenager in zijn drie seizoenen bij Ajax 68 doelpunten. Voetbalde altijd in de schaduw van Van Basten. Is een van de weinige in trivia gespecialiseerde oud-profs.

Reinier Kreyermaat — FOTO ROBERT LANTOS

85 Reinier Kreyermaat (1935)

Speelde maar twee interlands, wat is te wijten aan een dramatische beenbreuk. Voetbalde in oktober '61 tegen het Tottenham Hotspur van Bill Nicholson waarin John White, Dave Mackay en de grote Danny Blanchflower. Schoot van 25 meter de bal in de bovenhoek. Ik juichte excessief en scheurde uit mijn pyjama. Het gebeurde bij de bovenburen, de familie Groenescheij.

84 Aron Winter (1966)

Bij Inter kun je zien waarom Aron in het Nederlands elftal hoort. Hij brengt evenwicht in een verzameling ego's. Winter was er al bij in 1988 en maakte dus vijf grote toernooien mee. Wie evenaart dat? Het middenveld, van rechts naar links, zou dus moeten bestaan uit: Winter, Seedorf, Davids en Cocu.

Aron Winter (rechts) — FOTO GEORGE VERBERNE

FOTO FRIEDLÄNDER

83 Aad Mansveld (1944-1991)
Prototype Hagenees. Schoot flesjes van de lat. Wat je vergeet: speelde ook nog voor Feyenoord. Had een mooie lange trap maar was toch meer boegbeeld dan voetballer.

82 Jan Mulder (1945)

Geboren voetballer. Snel. Explosief. Schot. Zou meer hebben bereikt met betere knie. Beste interland tegen Roemenië in 1970. Mooie voorhoede: Pahlplatz, Mulder, Cruijff, Keizer. Ging als achttienjarige van WVV naar Anderlecht. Eénmaal Belgisch topscorer: in 1967 maakte hij twintig doelpunten.
Koos voor Ajax en niet voor Feyenoord, omdat Jaap van Praag in slaap viel met Youri op schoot.

81 Frans Bouwmeester (1940)

Groot talent. Debuteerde op zijn vijftiende bij NAC. Na Rijvers en Schouten de derde vleugelmaat van Coen Moulijn. Die linkervleugel bereikte op 9 december 1964 zijn hoogtepunt. In de stromende regen speelden ze in het Olympisch Stadion de latere wereldkampioen Engeland van het veld. Bouwmeester kon altijd maar een half uur, wegens buikje en bier. Moulijn maakte 1-0 met rechterbeen. Ik juichte met moeite, gehinderd door mijn plastic poncho.

FOTO LEO VOGELZANG

80 Jaap Stam (1972)

Als het aan Dennis Bergkamp ligt, komt Jaap Stam naar Arsenal. Stam was volgens Bergkamp in Rotterdam tegen België *Man of the Match*. In één-tegen-één duels is Jaap nog geen Ferri, Gentile of Cannavaro. Wordt wel eens voorbijgelopen, zoals thuis tegen Kiev. Aanvallend echter is hij veel beter dan de *difensore Italiano classico*. Kan doorgroeien tot in de top veertig.

Michel van de Korput (links). FOTO GEORGE VERBERNE

79 Michel van de Korput (1956)

Wie kent hem nog? Dino Baggio kent hem nog van Torino, hoorde ik van Dino zelf. Speelde drie jaar in de serie A. Maakte deel uit van een generatie internationals met namen als Ophof, Boeve, Schoenaker. Dan win je niet veel. Speelde hij nu, zou hij weer in het Nederlands elftal staan. Was een typisch Italiaanse verdediger: heel hard en technisch goed. Vaak vormde hij (Torino) het hart van de verdediging met Krol (Napoli). Wijnstekers en Hovenkamp waren de backs. Verdedigend stond het als een huis aan het begin van de eighties.

Coen Dillen   FOTO ANEFO

78 Cor Veldhoen (1939)

Linksback Feyenoord. Speelde twintig Europa-Cupwedstrijden en 27 interlands. Als Coen Moulijn een vrolijke bui had, wenkte hij met het linkerhandje Cor naar voren. Deze sprintte dan zestig meter langs de zijlijn en zag hoe Coen de bal lachend breed legde op de lachende Israel. Ook bij Feyenoord was humor wel eens het karakter van de ploeg.

Cor Veldhoen

77 Coen Dillen (1926)

Wat valt er over Coen Dillen te vertellen? Niet veel. Werd topscorer tijdens seizoen '56-'57 met 43 doelpunten. Dit record zal eeuwig standhouden. Was ooit het middelpunt van een echte Hollandse voetbalrel. Piet van der Kuil moest in 1957 van de keuzecommissie tijdens Nederland-België een blessure voorwenden om Coen Dillen aan speeltijd te helpen. Piet wenste aan dit 'onsportieve en gemene gedoe' niet mee te werken.

FOTO GER DIJKSTRA

75 Dick Nanninga (1949)

Had bloemenwinkel. Hoort thuis in de lijst vanwege doelpunt gescoord in een WK-finale, iets wat Cruijff niet kan zeggen. Evenmin als Rensenbrink, Keizer, Gullit, Van Basten, Rijkaard, Lenstra, Wilkes en Van Hanegem. Nanninga dus wel. Viel tijdens WK '78 in tegen West-Duitsland en kreeg na vijf minuten rode kaart. Lachend verliet hij het veld.

76 Epi Drost (1945-1995)

Geweldig afstandsschot. Heeft veel keepers op de rand van zelfmoord gebracht met merkwaardige strapatsen in doelgebied, die meestal werden opgelost door Willem de Vries. Speelde 421 competitiewedstrijden voor FC Twente.

74 Henk Wery (1943)

Ik zag hem spelen als linksbuiten in het tweede van DWS. Achttien jaar was hij. Elke vrije trap binnen vijftig meter van het doel was voor hem. Nooit meer zo'n hard schot gezien. Waarom hij niet in het eerste stond en wel in deze lijst? Op links bij DWS had je Dick Hollander en rechts Frans Geurtsen. Zegt dat niet genoeg? Over het inzicht van trainer Lesley Talbot?

Dick Nanninga (links).

FOTO GEORGE VERBERNE

Edgar Davids FOTO GEORGE VERBERNE

73 Edgar Davids (1973)

Wordt genoemd: Edje. Móet in de basis tijdens de wereldkampioenschappen voetbal in Frankrijk. Dennis Rodman was een *role-model*; hopelijk ruilt hij hem in voor Jackie Robinson. Een trainer die hem vertrouwt en respecteert, wordt daarvoor ruimschoots beloond: met de vechtlust van Neeskens, de techniek van Zola en de onbaatzuchtigheid van Wim Jansen. Ronald de Boer mag passen en Bergkamp zal scoren, maar Davids maakt het mogelijk.

FOTO HANS KOUWENHOVEN

72 Tsjen-la-Ling (1959)

Had een vak vol fans bij het doelgebied aan de rechterkant van de Reynoldstribune. Behalve aanmoedigingen voor Ling stegen daaruit de zoetste hennepgeuren op. Als Ling aan de zijlijn bleef plakken, werd hij zo stoned als een aap. Vandaar de onwaarschijnlijke passeerbewegingen. En de neiging de gepasseerde back te wenken om hem daarna nogmaals voorbij te gaan.

71 Mick Clavan (1929)

27 interlands, zeven goals. Onderdeel van een legendarisch Haags binnentrio: Mick Clavan-Carol Schuurman-Theo Timmermans. Volgens Aad de Mos pasgeleden aan de telefoon 'een droom van een voetballer, met een pass op de millimeter'. Kreeg aanbiedingen van Fiorentina en Nîmes. Koos voor de laatste club en was na een dag weer thuis. Zou dit een heimwee-record zijn?

FOTO GEERT VAN KESTEREN

70 Edwin van der Sar (1970)

Over een keeper wordt in Nederland vrij snel gezegd dat hij de beste van de wereld is. Zelf denk ik dan eerder aan Gordon Banks, Lev Yashin of Christian Piot. Maar Van der Sar hééft mogelijkheden. Mocht het Nederlands elftal in Frankrijk toch, tegen alle verwachtingen in, een prestatie leveren waartoe het collectieve talent verplicht, zou Van der Sar in topvorm een van de steunberen onder het succes kunnen zijn. Zijn blunderdichtheid is in elk geval minder dan die van Arconada of Dassajev.

FOTO KLAAS-JAN VAN DER WEIJ

69 Berry van Aerle (1962)

Blijft voortleven als de postbode die ontroerd terugdacht aan zijn hoogtijdagen in dienst van Marco van Basten. Werd in het trainingskamp tijdens WK van 1990, waar de sfeer te snijden was, 'Pufke' genoemd. Was geen geweldenaar met de bal aan de voet, maar wie Berry van Aerle als beste vriend heeft, zal in tijden van nood niet alleen staan.

68 Jan Klaassens
(1931-1983)

Rechtshalf VVV en Feyenoord. Verslaafd aan jus d'orange. Elastiekje in het haar. Bezat, volgens de legende van de voetbalhumor, in Venlo zo'n klein sigarenwinkeltje dat wie er een bolknak kocht, naar buiten moest om hem aan te steken. In de tijd dat voetballen een radiosport was, behoorde Jan Klaassens tot de grote sterren. Hij was 57 keer international zonder ooit een groot toernooi te spelen.

67 Pummie Bergholtz (1939)

Rechtsbuiten. Limburgse Feyenoorder die naar Anderlecht ging. Debuteerde in 1961 als MVV-er in het Nederlands elftal. Bij tegenstander Hongarije stond Groscis op doel, een van de laatst actieve helden van Wembley. Zou Pummie dit hebben beseft? Pummie werd soms zo verrast door zijn eigen snelheid, dat hij zelfs een keer bewusteloos van het veld werd gedragen na te zijn gestuit door het hek.

66 Bennie Muller (1938)

Was eigenlijk altijd al een soort lijstduwer en prototypisch vertegenwoordiger van Mobiel Amsterdam. Rende zich rot voor Ajax. Gedreven halfspeler. Tomeloze energie.
Schot en pass konden beter, maar speelde 42 interlands, onbaatzuchtig en vol karakter.
Zou ik roken, dan haalde ik mijn Caballero bij Bennie Muller in de Haarlemmerstraat 96.

Bennie Muller   FOTO ANP

64 Kees Kist (1952)

Vlammende spits, *no pun intended*. Topscorer van het Grote AZ. 372 wedstrijden, 211 doelpunten. Maakte deel uit van symbiotisch experiment Nygaard-Kist. Was niet te beroerd om ook de passes van Jantje Peters, pats-boem, tot daverende doelpunten te promoveren. Speelde en scoorde in nadagen voor Paris St. Germain en Mulhouse. Scoorde tijdens EK 1980 twee keer in drie wedstrijden.

65 Tinus Bosselaar
(1936)

Legendarische Rotterdammer. Voormalig handelaar in honden- en kattenvoer onder het motto: 'Verse waar van Bosselaar'. Puur tweebenige voorhoedespeler, binnen of buiten maakte hem niet uit. Motor van het grote Sparta dat in 1959 kampioen van Nederland werd. Zeventien interlands. Thans kunstschilder op (twee) kunstheupen.

Tinus Bosselaar scoort, 1956   FOTO KEES MOLKENBOER

Kees Kist haalt uit, Beckenbauer en Vogts hebben het nakijken   FOTO RON KROON

63 Bennie Wijnstekers (1955)

Lid van de *losing generation*. Te klein voor tafellaken, te groot voor servet. Voetbalde in luwte tussen generatie Cruijff en generatie Van Basten. Betrouwbare back. Mister Feyenoord. Bijnaam 'Vino' na geruchten over Italiaanse transfer. Was nog aanvoerder op 12 oktober 1983 van de wedergeboorte van het Nederlands elftal in Dublin tegen Ierland, met de jonge Van Basten, Gullit en Koeman. Handstand Van Basten.

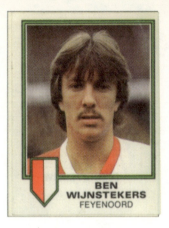

FOTO ANEFO

61 Theo Pahlplatz (1947)

Dertien interlands, drie goals. Meest begaafde aanvaller van het Grote Twente. Speelde dertien jaar in het eerste. Liet Jan Jeuring scoren. Speler om van te likkebaarden. Had zo'n transparante persoonlijkheid dat hij tijdens de wedstrijd af en toe dreigde op te lossen in zachte Twentse nevel. Denkend aan Pahlplatz' tegenpool, denk ik aan Eddie Achterberg, rumoer tegenover stilte, poëzie tegenover bijtende hond.

62 Arie Haan (1948)

Arie mocht de gaten trekken voor Cruijff. Bekend van geslaagde afstandsschoten tegen Zoff en Maier. Schopte op 21 juni 1978, behalve de bal in het doel van Zoff, de Italiaanse slager Benetti het ziekenhuis in, een van de wapenfeiten die Nederland in de finale tegen Argentinië bracht. Kreeg bij Ajax ruzie met Cruijff, bij Anderlecht met Rensenbrink en bij Standard met iedereen. Wie de beste vriend van Arie Haan is, loopt de kans in geval van nood alleen te staan.

FOTO AMSTEL PRESS SERVICE

FOTO ANP

60 Peter Houtman (1957)

Peter Houtman? Inderdaad, Peter Houtman. Scoorde 223 doelpunten in 387 wedstrijden, waarvan ook seizoenen bij Sparta en Groningen wat het gemiddelde danig drukt. Maakte nota bene zeven doelpunten in acht interlands. Betere score dan Marco van Basten, met wie samen hij debuteerde tegen IJsland. Houtman scoorde. Van Basten niet. Werkte even voor *Studio Sport*, maar was met het hoofd scherper dan met de mond.

59 Willy van de Kerkhof (1951)

Voormalig vinoloog. Stofzuiger. Oogappel van Kees Rijvers. Voetveeg van Johan Cruijff. Beleefde grootste nachtmerrie en grootste opluchting op 13 oktober 1976 in de Kuip tegen Noord-Ierland. Speelde in de mandekking tegen George Best. Dat was de nachtmerrie. Werd in de rust gewisseld door broer René: de opluchting. Betere balafpakker hebben we nooit meer gezien.

Willy (links) en René van de Kerkhof   FOTO FRIEDLÄNDER

58 Danny Blind (1961)

Maakte vier eindtoernooien mee. Speelde slechts in Engeland '96. Wat Van Basten was voor Kieft, was Ronald Koeman voor Blind. Deelt met Kieft ook de kennis van nutteloze voetbalfeiten. Eén van de voetballers die, ofschoon geen supertalent, een grote carrière dankt aan nuttige tips van Johan Cruijff. Zie ook: Jan Wouters.

Louis van Gaal en Danny Blind bij Sparta, april '86 FOTO GEORGE VERBERNE

57 Roel Wiersma (1932-1995)

Het was een zondag in 1957. Ik was alleen thuis en luisterde naar de radio. In het Praterstadion van Wenen leidde Nederland bij rust met 2-0 tegen Oostenrijk. We gingen ons plaatsen voor Zweden. Na rust begon Oostenrijk te schoppen. Eddy Pieters Graafland raakte gewond. En een Oostenrijkse schoft trapte Wiersma een hersenschudding. Dienst heette die schoft. We verloren met 3-2. Ik heb toen het Olympisch record huilen gebroken. Het was zo erg dat mijn vader me een nieuwe leren knikker moest beloven.

FOTO GEORGE VERBERNE

56 Jan Poortvliet (1955)

Speelde geweldig WK '78. Schakelde in de halve finale Uefa Cup van 1978 Johan Cruijff uit. Het publiek in Eindhoven zong toen de hele avond 'Cruijffie is een homofiel'. Cruijffie nam wraak in de thuiswedstrijd, waarin Poortvliet Cruijff heeft gezocht, maar niet gevonden. Barcelona won maar met 3-1, dankzij Jan van Beveren, die ook bezig was met het schillen van een appeltje.

55 Piet Schrijvers (1946)

Speelde in het tweede van DWS toen Jongbloed in het eerste stond. In het tweede voetbalden er toen wel meer die eigenlijk beter waren. Ondanks het supertalent Van Beveren en ondanks de gril van Cruijff om Jongbloed in 1974 te laten 'meevoetballen', haalde Schrijvers nog 46 interlands. Later waren hoge ballen zijn fort niet meer, moest hij te veel meetorsen in zijn vlucht naar de bal. Toch staan in deze lijst nog maar twee keepers boven hem.

Piet Schrijvers   FOTO DE JONG EN VAN ES

54 Rinus Terlouw (1922-1992)

Coppens-Terlouw, hoorde je altijd. Coppens-Terlouw, dat waren nog eens duels. Terlouw speelde, om precies te zijn, vijf keer tegen de Belgische middenvoor Coppens, volgens velen de beste Belg ooit. Coppens scoorde vijf keer tegen Terlouw, die ook nog eens in zijn eigen doel schoot. Dat zijn me de duels wel geweest. Terlouw speelde 34 interlands.

FOTO T. v.d. REIJKEN

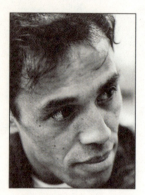

FOTO LOUIS VAN DE VUURST

53 Simon Tahamata (1956)

'Tahamata, Tahamata, hij laat ons slechts zijn naam na,' schreef ik toen Simon, gedwongen door een Molukkerfobie in het Ajaxbestuur, naar Luik verhuisde. Daar zou hij zijn mooiste voetbal spelen. Zijn debuut in het Nederlands elftal weet iedereen nog: in mei 1979 vernederde hij tegen wereldkampioen Argentinië de back Olguin tot schreiens toe. Het was ook een van de eerste interlands van Diego Maradona. Het werd 0-0.

Ronald (links) en Erwin Koeman

52 Erwin Koeman (1961)

Vroeger zeiden ze dat hij beter was dan Ronald. Ouder was hij wel. Geweldig linkerbeen, uitstekend spelinzicht, fanatiek tot op het bot. Tegen Duitsland in '88 de hardste speler van het veld. Enig smetje: klaagde bij PSV dat Romario 'lui' was. Inderdaad, en Ronaldo heeft geen linkerbeen. So what?

FOTO AFP

51 Gerald Vanenburg (1964)

Bij ons in het café had je mensen die zeiden dat Vanenburg beter was dan Rijkaard. Dat was hij niet, al had hij veel talent. Totdat hij een jaar of achttien was, keek zelfs Van Basten hoog tegen hem op. Het talent is er eigenlijk alleen helemaal uitgekomen in die fameuze halve finale op 21 juni 1988 in Hamburg. Dat was zijn beste interland. Hij speelde er 42 en scoorde één doelpunt.

Richard Witschge met Wim Jonk FOTO ANP

50 **Richard Witschge** (1969)

Kon altijd mee met de beste spelers van het elftal. Of ze nu Dennis Bergkamp, Aron Winter of Jan Wouters heetten bij Ajax. Of Stoitsjkov, Guardiola en Koeman bij Barcelona. Of Dugarry, Zidane en Lizarazu bij Bordeaux. En nu weer bij Ajax met Ronald en Frank de Boer en Michael Laudrup. Heeft dankzij inzet en, ondanks het lopen, intact blijvende techniek, altijd en overal het respect van medespelers. Dat zegt meer dan het gekanker van de gemiddelde tribuneklant.

49 René van de Kerkhof (1951)

Ons René. We kennen hem wel van ons Willy. Brak internationaal door in de WK-finale van '74, toen hij een uitstekende tweede helft speelde. Haalde 47 interlands en maakte daarin vijf doelpunten, precies evenveel als ons Willy. Was supersnel. Maakte deel uit van een geweldige PSV-voorhoede met Edström en Willy van der Kuylen. Ooit was er sprake van een transfer naar Perugia. Dat is toen, goddank voor ons René, niet doorgegaan.

Daan Schrijvers

48 Daan Schrijvers (1941)

Was een van de eerste grote aankopen van het Grote DWS. Kwam van NAC. Werd in 1964 met DWS kampioen van Nederland. Even later gekocht door PSV. Speelde daar zeven jaar zonder één kampioenschap. Heel klassieke centrale verdediger in het 4-4-2 systeem. Zo een met de borst vooruit en een mooie lange pass. Niet zo goed als Cor van der Hart of zijn Amsterdamse teamgenoot Rinus Israel, maar wel 22 interlands.

47 Piet van der Kuil (1933)

Rechtsbuiten. Veertig interlands zonder grote toernooien. Negen doelpunten. Ging na vier jaar Ajax in 1959 naar PSV. Maakte deel uit van het Nederlands elftal dat op 4 oktober 1959 met 9-1 van België won. Die voorhoede kón haast niet beter toen (Cruijff was pas twaalf): Van der Kuil, Wilkes, Van der Linden, Rijvers, Moulijn. Piet maakte, evenals Wilkes, drie goals. De quizvraag luidt natuurlijk: wie scoorde voor België? Niet Goyvaarts, Hanon, Coppens of Jurion, maar Delire. Drie minuten voor tijd.

Ruud Geels (rechts) — FOTO RON KROON

46 Ruud Geels (1948)

Een wapenfeit is vijf keer scoren in één wedstrijd. Een écht wapenfeit is vijf keer scoren voor Ajax tegen Feyenoord, waarvan zijn tweede, een kopbal, volgde uit een van de hoogste sprongen uit de geschiedenis van het voetbal. Geels moest die bal, zwevend boven de doellat, omlaag koppen de kruising in. In zijn periode bij Ajax maakte hij 123 doelpunten in 132 wedstrijden. Misschien had Feyenoord deze spits niet moeten laten vertrekken. Naar Go Ahead.

44 Sjaak Swart (1938)

De onvermijdelijke term is Mister Ajax. Zo eerzuchtig zie je ze niet veel. Kon voorzetten, schieten en koppen (bij de tweede paal). Dieptepunt in carrière: de wissel op Wembley tegen Panathinaikos. Hoogtepunten te veel om op te noemen: Liverpool in de mist, Europa Cup tegen Inter. Adviseur van Rep, La Ling, Van 't Schip en Finidi, of ze wilden of niet. Meestal niet. Wordt op 3 juli zestig jaar. Dat gelooft niemand en zeker niet zijn tegenstanders in het amateurvoetbal.

45 Theo de Jong
(1947)

Natuurlijk zag ik hem nog spelen bij Blauw Wit. De Jong was generatiegenoot van Neeskens, Jansen en Van Hanegem. Dat scheelt een paar interlands. Had een verwoestende knal in de voeten, zoals gedemonstreerd op 17 september 1972 toen De Jong tegen Ajax tweemaal scoorde voor Feyenoord dat met 2-0 won. Eerste moderne centrale middenvelder. Speelde achter de Feyenoord-spits, zoals Bosman achter Van Basten en Bergkamp achter Petterson.

FOTO RON KROON

Sjaak Swart

FOTO ANP

FOTO GEORGE VERBERNE

43 Charlie Bosveld (1941)

Heet eigenlijk Henk. Voetballer voor de liefhebbers, met een carrière, even grillig als zijn talent. Ging van SC Enschede naar Sparta, toen naar Vitesse, weer naar Sparta en terug naar Vitesse. Middenvelder die doelpunten maakte: tijdens hele carrière bijna één op twee. Speelde maar twee interlands, belachelijk weinig. Vertelde in *Tussen Start en Finish* wel eens doping te hebben gekregen van de dokter.

42 Wim Rijsbergen (1952)

Was tijdens WK '74 een soort alibi voor Arie Haan. Haan kon bestaan dankzij de harde, onverzettelijke voorstopper die de bal nog kon passen ook. Speelde, gek genoeg, maar 28 interlands. Misschien te wijten aan blessures en een loopbaan buiten beeld bij Bastia en de New York Cosmos. Rijsbergen is een mooi voorbeeld van de eeuwige reputatie die het spelen op een wereldkampioenschap voetbal kan opleveren.

FOTO LOUIS VAN DE VUURST

41 Wim Jonk (1966)

Behoeft geen betoog. Rechtervoet voorzien van de gevoeligste adaptors en sensoren. Bezorgde Inter de Uefa Cup in seizoen '93-94. Had er toen ook al een gewonnen met Ajax. Extreem hoog rendement bij optelling van assists en goals. Maar toch vooral dat voortdurende, fluisterend in gesprek zijn met de bal.

40 Jan Klijnjan (1945)

Van Jan Klijnjan weet ik eigenlijk alleen nog dat ik zo'n fan van hem was. Ging altijd naar Ajax-Sparta voor Kristensen-Klijnjan-Kowalik, dat soort stuff. En Kreuz misschien? In elk geval met Bosveld en Heijerman. Geweldige pegel had die Klijnjan in de voeten. Veel techniek ook. Speelde elf interlands. Ging ook nog ergens in Noord-Frankrijk voetballen. Lens? Typisch zo'n speler die veertig interlands had gehaald als hij door Ajax gekocht was.

Ronald (links) en Frank de Boer

FOTO LOUIS VAN DE VUURST

39 Frank de Boer (1970)

Voor Frank heb ik een zwak. Dat komt zo. Hij zat in Noordwijk een keer aan de hotelbar van Huis ter Duin koffie te drinken. Ik ging naast hem zitten. "Tegen jou zeggen ze zeker ook altijd dat je chagrijnig kijkt," zei Frank. Toen hebben we erg gelachen. Over zijn linkerbeen niks dan goeds. Kan ook goed koppen. Wordt misschien record-international en zal dat dan heel lang blijven. Staat nu op 52 interlands en is 27 jaar.

FOTO ANEFO

38 Johnny Rep (1951)

Kopbal tegen Juventus in Europa-Cupfinale 1973. Elleboog op de neus van Rivelino tijdens WK '74. Formidabele wedstrijd in '79 voor St. Etienne tegen het PSV van Rijvers (6-0). Al na vijf minuten 3-0, o.l.v. Rep (samen met Platini en Larios). En na de beruchte Frankrijk-Nederland op 18 november 1981, toen Krol en Van Breukelen de vrije trap van Platini niet op waarde schatten, zat Rep als eerste aan de bar van het spelershotel naast heel mooi meisje. Rijvers boos. Feest ging niet door die avond. Combootje voor niks naar Versailles gekomen.

37 Hugo Hovenkamp (1950)

Lage zit. Linksback. Voorheen middenveld. Debuteerde in Nederlands elftal in beroemde wedstrijd op Wembley, toen Jan Peters (NEC) tweemaal scoorde. Nederland speelde fantastisch tegen Brooking, Francis, Bowles en Keegan. Toch waren we dat jaar geen Europees kampioen geworden. Het lag niet aan Hovenkamp, want die was er nog niet bij. Schopte in zijn volgende interland de Belg Van Gool buiten de lijnen. Hij was hard en absoluut niet fair. Zou uiteindelijk 31 interlands spelen.

FOTO GER DIJKSTRA

Henk Groot
FOTO WIM VAN ROSSEM

35 Tonnie van der Linden
(1932)

Middenvoor. Groot talent. Speelde te weinig interlands (24). Kon niet overweg met de nukken en het humeur van Lenstra. Nam gepast wraak op Abe door hem op 15 juni 1958 te beroven van zijn laatste kans op een landskampioenschap. Tegen SC Enschede scoorde hij voor DOS in de zevende minuut van de derde verlenging het winnende doelpunt. DOS kampioen. Van der Linden maakte 207 goals in 323 wedstrijden.

36 Henk Groot (1938)

Paarde fluwelen techniek aan hard schot en Engelse kopkracht. Scoorde bij Ajax 25 keer uit 25 penaltys. Ging naar Feyenoord en weer terug naar Ajax. Raakte in 1969 door Pool Deyna in zijn 39ste interland fataal aan knie geblesseerd. 283 wedstrijden, 195 goals. Broer van Cees.

FOTO LEO VOGELZANG

34 Arnold Mühren (1951)

Gaf de pass op Van Basten voor DE goal. Was steunpilaar op middenveld tijdens EK '88. Onovertroffen linkervoet. Kleine actieradius op latere leeftijd. Maar wel de eerste Nederlander die scoorde tijdens Engelse Cupfinal: Manchester United-Brighton. Speelde in Europa Cup 2-finale voor Twente. Won Uefa Cup met Ipswich Town. Won Uefa Cup met Ajax. Europees kampioen '88. Hoeveel spelers hebben zo veel bekers?

FOTO ANP

33 Ronald de Boer (1970)

Ajax' beste speler. Enige minpuntje: moet door snelheidsprobleem op eerste meters wel eens mannetje laten lopen. Verder geen klachten. Fantastische techniek. Kan links, rechts en centraal op middenveld. Ook voor of achter Bergkamp in de spits. Tactisch brein. Onmisbaar in Nederlands elftal. Seedorf moest het een eer vinden voor hem te mogen werken. Veel aanzien in buitenland. Favoriet van Guardiola. Een echte *players player*.

FOTO ANP

32 Frans de Munck (1922)
Een held. Speelde 31 interlands tegen de 47 van Pieters Graafland, maar was veel beter. Bijnaam: Zwarte Panter. Ik herinner me een foto van een door hem gestopte penalty tegen België uit. De Munck was zo'n keeper die, parallel aan de lat, naar de bovenhoek zweefde. Vrouwen vielen op De Munck en hij op hen.

31 Willy Brokamp (1946)
Op een na beste Limburgse voetballer aller tijden. De beste? Dat zien we verderop nog wel. Brokamp scoorde zes keer in zes interlands, wat hem overigens geen fluit interesseert. Toen niet en nu niet. Partner van Jo Bonfrère. Samen speelden ze elke verdediging aan flarden. Debuteerde op veertienjarige leeftijd in het eerste van Chèvremont. Maakte twee doelpunten. Was bij Ajax nagel aan Michels' doodskist. Uitbater van Aux Pays Bas aan het Vrijthof.

FOTO J. MUD

Jan Peters met Franz Beckenbauer in 1975   FOTO RON KROON

30 Jan Peters (1954)

Niet die van Feyenoord. Jantje dus eigenlijk. Debuteerde als international na WK'74. Centrale middenvelder. Werd wel eens geplaagd met zijn voorliefde voor de breedtepass. Gaf dan van de weeromstuit in de daaropvolgende wedstrijd uitsluitend diepe ballen. Uitgeput verliet Kees Kist de Hout. Ging ooit op de bal zitten om Frans Derks te pesten. Werd op jonge leeftijd legendarisch door twee doelpunten binnen acht minuten op Wembley.

Nederlands elftal in 1953 voor de wedstrijd tegen Frankrijk, met Kees Rijvers tweede van links vooraan

29 Kees Rijvers (1926)

Zijn eerste interland was ook die van Faas Wilkes, tegen Luxemburg net na de oorlog. Geboorte van het Gouden Binnentrio Wilkes-Lenstra-Rijvers, zes jaar na het debuut van Lenstra, wiens derde interland dit pas was. Rijvers kennen we ook van de vleugel Rijvers-Moulijn en van de beroemde foto van het Watersnoodelftal dat Frankrijk versloeg in Parijs. Was gevierd prof in Frankrijk in periode dat daar heel goed gevoetbald werd.

28 Jan Wouters (1960)

FOTO ANP

Model voor het 'type Wouters', waarmee ongeveer het type Davids wordt bedoeld. Wouters, eerst ontdekt door Rijvers, toen door Cruijff, stond bekend om krachtige elleboog, maar staat toch meer op het netvlies wegdraaiend van tegenstander, terwijl hij een hakje langs het eigen standbeen geeft, op zoek naar het eensklaps vrije veld. Peetvader van de patatgeneratie. Met Wouters wonnen we de oorlog. Onder meer op 21 juni 1988, toen hij DE assist gaf op Van Basten.

27 Gerrie Mühren (1946)

Ook een soort Wouters, met minder existentiële woede, maar meer techniek en meer meters in de benen. Wilde in 1974 liever met vakantie dan mee naar Duitsland, een van de raadsels uit de voetbalhistorie. Kon telefonerend met een glas cola in de andere hand een balletje hooghouden terwijl hij de trap afliep. Functionele techniek.

FOTO ANP

26 Cor van der Hart (1928)
Stopperspil. Werd kampioen van Nederland met Ajax en kampioen van Frankrijk met Lille (Reims was tweede met Appel en Kopa). Mooiste trap van Europa. Frans de Munck verrichtte zijn beste reddingen op terugspeelballen van Van der Hart. Versloeg op 14 maart 1956 in Düsseldorf wereldkampioen Duitsland met 2-1.

24 Kick Smit
(1918-1974)
Kioskhouder in Haarlem. Heette eigenlijk Jaap! Maakte 26 doelpunten in 29 interlands. De oorlog knakte een wondermooie carrière. Debuteerde in 1934 en speelde na 1945 nog maar twee interlands. Scoorde ook in dramatische nederlagen: de 8-2 van Huddersfield en de 2-3 tegen Zwitserland in Milaan tijdens WK van 1934. Lid van supertrio Vente-Bakhuys-Smit. Beëindigde loopbaan bij HBC (Houten Benen Club) in Heemstede, waar hij speelde naast mijn oom Jan.

FOTO ANP

25 Frans Thijssen (1952)
Geboren middenvelder. Paarde techniek aan spelinzicht. Voetbalde voor NEC, Twente, Ipswich Town, Vancouver Whitecaps, Nottingham Forest, Fortuna Sittard, FC Groningen en hèhè, Vitesse. Als Karel Aalbers Beenhakker niet als trainer had willen hebben, hoefde Frans Thijssen nu niet in Malmö te wonen.

Kick Smit en Karel Lotsy

23 Puck van Heel
(1904-1982)

41 jaar record-international, tot die befaamde wedstrijd Nederland-Argentinië in mei 1979. Toen kwam Ruud Krol op 65 interlands. Van Heel werd in 1925 international als speler van het tweede van Feyenoord. Er staan nog zeven oud-Feyenoorders voor hem. De eerste komt zo.

FOTO ANP

FOTO ANP

22 Wim Jansen (1946)

Van Hasil-Jansen-Van Hanegem. Waterdrager met inhoud in hoofd en benen. Ik zag hem spelen in de jeugd van Feyenoord tijdens pinkstertoernooi van Blauw Wit, toen dat voor één keer werd gespeeld op Sportpark Jan van Galenstraat. Cruijff en Hulshoff voetbalden voor Ajax en John Radford voor Arsenal. Dat waren nog eens tijden. Zonder Jansen had Van Hanegem niet bestaan.

21 Bertus de Harder
(1920-1982)

Goddelijke Kale. Speelde van 1949 tot 1954 voor Girondins de Bordeaux. Werd in 1953 uitgeroepen tot speler van het jaar in Frankrijk. Volgens Herman Kuiphof 'de Braziliaan van de Schilderswijk'. Men zegt: sneller dan Overmars, met beter schot en geweldig arsenaal aan schijnbewegingen. Werd op advies van met Duitsers heulende Karel Lotsy door VUC in 1944 geschorst. Schorsing duurde drie jaar en was ten onrechte. Bertus was niet omgekocht met mud aardappelen.

FOTO CAPITAL PRESS

20 Wim Suurbier (1945)

Beste Nederlandse mandekker. Elftal-hiërarchisch gezien staan mandekkers laag op de ladder. Daarom haalt deze beste in zijn soort maar de twintigste plek. De grootste vleugelspelers sidderden bij het horen van de naam van Suurbier. Hij faalde nooit. Karakteristiek was de opgestoken arm van de basketballer, nadat Wim een tegenstander doormidden had geschopt en gevierendeeld. Bij Wim heiligde het doel echt alle middelen.

Moulijn met Faas Wilkes

19 Coen Moulijn (1937)

Ging meestal buitenom. En hoewel de rechtsback het wist, ging Coen toch buitenom en haalde hij fluitend de achterlijn. De voorzet werd benut door Kindvall of Van Hanegem. Hier volgt een typisch Moulijn-anekdote: Rinus Israel pakte hem aan op de training. Coen beloofde wraak op zondag in een volle Kuip. Hij startte, Rinus Israel kwam met de lange pass, maar Coen was allang gestopt en maakte een wegwerpgebaartje naar achteren. Israel werd uitgefloten door de hele Kuip.

18 Bep Bakhuys
(1909-1982)

Bekend van het doelpunt à la Bakhuys (11 maart 1934 Nederland-België 9-3; Vente 5x, Smit 2x, Bakhuys 2x). Speelde voor ZAC, HBS en Metz. Zijn verblijf in ons Indië van 1929 tot 1934 beperkte het aantal door hem gespeelde interlands danig. Deze supermidvoor was 23 keer international en maakte 28 doelpunten. Wauw!

FOTO SOENAR CHAMID

17 Ronald Koeman (1963)

Europees kampioen. Winnaar Europa Cup 1. Alleen in 1990 ging het mis. Maar toen was hij niet fit. Volgens Guardiola was Koeman, ondanks Stoitsjkov, Romario en Bakero, de belangrijkste speler van het beste Barcelona sinds veertig jaar. Wat een voetbal was dat en wat was dat aanvallende spel op het lijf geschreven van deze 'inschuivende' libero, die de snelheid miste van Baresi of Blind, maar wiens schotkracht ongeëvenaard was. Schakelde Engeland uit voor WK'94 door Platt neer te leggen en te scoren uit een vrije schop.

16 Willy van der Kuijlen (1946)

Won zoals alle grote spelers een Europa Cup (Uefa Cup van '78 tegen het Bastia van Larios, die was weggestuurd door Saint Etienne vanwege amoureuze perikelen rond de vrouw van Platini). Van der Kuijlen sprak met zijn voeten, was een ramp voor elke interviewer. Met Van Beveren betrokken bij een conflict met Cruijff en dus veel te weinig interlands voor een speler van zijn niveau. Vormde een fantastisch duo met de even begaafde Ralf Edström. Ik herinner me een 2-4 in het Olympisch Stadion. Ajax werd totaal overklast. Willy is topscorer aller tijden met 311 doelpunten in de eredivisie.

FOTO GEORGE VERBERNE

Ruud Krol trapt een balletje met Willem Alexander

FOTO ANP

Jan van Beveren   FOTO ANP

15 Ruud Krol (1949)

Inderdaad, ik vind hem beter dan Koeman, wiens gebrek aan snelheid hem hier toch parten speelt. Ook bereikte Krol twee WK-finales en Koeman niet, hoewel dit niet alles zegt. Dat zien we bijvoorbeeld verderop aan nummer tien. Krol beleefde in Napels het tweede hoogtepunt van zijn loopbaan, na Ajax. Er is daar een straat naar hem genoemd en hij had er in de jaren '80 tot '84 een eigen wekelijks televisieprogramma. In Napels werd hij voetballer van het jaar van de Serie A en ook 'Beste Buitenlander'. Ciro Ferrara leerde van hem het vak.

14 Jan van Beveren (1948)

Natuurtalent. Beste Nederlandse keeper aller tijden. Botste in 1975 voorgoed met Cruijff. Het kostte hem een interland of veertig en de juiste erkenning in Nederland voor zijn buitensporige kwaliteiten. Vier jaar geleden maakte ik een documentaire over het WK'74. Alle geïnterviewde Duitse spelers zeiden dat hun sprankje hoop op succes bestond uit de enige zwakke plek van het Nederlands elftal: tussen de palen van het doel. Toentertijd was ik altijd pro Cruijff en dus anti Van Beveren. Een vergissing in dit geval. Met Van Beveren op goal was Nederland in 1974 wereldkampioen geworden.

13 Piet Keizer (1943)

Geniaal, grillig, gouden linker. Voorzet op Dick van Dijk op Wembley '71 na superschaar. In de voorafgaande wedstrijden voor de Europa-Cupfinale had hij vier doelpunten gemaakt, waaronder schitterende tegen Atletico, Celtic en Basel. Niet Cruijff maar Keizer bracht Ajax dat seizoen in de finale tegen Panathinaikos. Was toen de beste linksbuiten ter wereld, ondanks Riva, Rivelino en Francis Lee.

12 Dennis Bergkamp (1969)

Dennis is de enige nog actieve voetballer die de top-5 zou kunnen bereiken. Heeft hij echter de hoogtepunten van zijn carrière achter de rug, houdt hij deze positie nooit vast. Bergkamp in topvorm is misschien niet iemand die een heel wereldkampioenschap naar zijn hand zet, maar het bereiken van een halve finale wordt wel vergemakkelijkt. Het balgevoel in zijn voeten doet denken aan dat van John McEnroe in zijn racket, en dat van Tiger Woods in zijn club.

FOTO AP

FOTO ANP

11 Willy Dullens (1945)

Van wie Johan Cruijff ooit zei dat hij, Johan, technisch misschien iets minder was. Heeft met Van Basten de tragiek van een onvoltooide carrière gemeen. Was al in 1966, op zijn 21ste, voetballer van het jaar, met Cruijff, Keizer, Moulijn, Van der Kuijlen en Israel achter hem. Scoorde in zijn eerste seizoen 21 doelpunten. Als middenvelder! Was op weg met Cruijff te gaan uitmaken wie de beste voetballer van zijn generatie zou worden. In augustus 1966 liep hij in de wedstrijd Vitesse-Sittardia de knieblessure op die een eind aan zijn carrière zou maken. In de top-10 staan nog maar twee andere spelers zonder Europa Cup.

10 Rinus Israel (1942)

Beste Nederlandse centrumverdediger aller tijden (Rijkaard beschouw ik als middenvelder). Rinus kon veel: sprinten, koppen, tackelen, passen en schieten. De verdediging van Feyenoord was de enige in Europa die, onder Rinus' leiding, geregeld in staat was Cruijff en Keizer uit te schakelen. De manier waarop hij in de EC-finale van 1970 het heft in handen nam en zelf de 1-1 binnenkopte, zegt alles over zijn kracht en mentaliteit. Hij en Van Hanegem konden de baas spelen over een heel veld.

9 Ruud Gullit (1962)

Speelde in 1981 met Kieft en Rijkaard, die hij verving, zijn eerste interland. Voetbalde toen nog bij Haarlem. Maakte in het seizoen '87-'88 vrijwel in zijn eentje Milan kampioen van de Serie A. Niet op techniek, maar door zijn karakter en geweldige kracht, die hem naar adem happende tegenstanders het hele veld over deed sleuren. Speelde ondanks knieblessure in 1989 kwalificatiewestrijd voor Nederland in Finland, en zorgde voor winst, voor een coach die hem had beledigd. Verliet in 1994 vlak voor WK zonder uitleg trainingskamp van Nederlands elftal en legt sindsdien uit dat hij toen gelijk had.

FOTO REUTERS

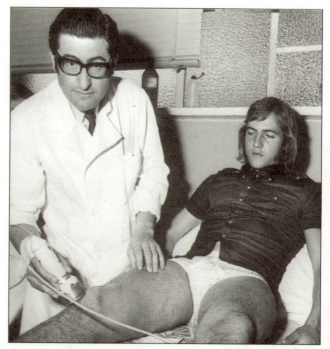

Salo Muller en Johan Neeskens   FOTO ANP

FOTO TOTAL PHOTO

8 Johan Neeskens (1951)

RCH, Ajax, Barcelona, New York Cosmos, Zwitserland, Groningen, Zwitserland. Belichaming van het woord loopvermogen en hij was nog een goede voetballer ook. Kon schitterend geblesseerd zijn. Als Neeskens na een blessurebehandeling weer opstond, juichte het stadion hem minutenlang toe, zo hadden we in de rats gezeten over die kennelijke doodsstrijd. Nam tijdens WK '74 de penalty's. In de finale schoot hij de halve stip mee, maar de bal ging erin. Speelde zijn laatste twee interlands als troetelkindje van Kees Rijvers die hem veel bruine bonen en zure zult liet eten en ook liet bidden. Toch haalden we WK'82 niet, omdat Krol naar Van Breukelen keek en Van Breukelen naar Krol, terwijl Platini de vrije trap in het doel schoot.

7 Rob Rensenbrink (1947)

Het slangenmens. Kon passeren, passen en scoren op een nieuwe manier. De tegenstanders snapten er althans niets van. Maakte in België 173 doelpunten in elf seizoenen. Voor een linksbuiten een formidabele score, waarmee hij nog altijd achtste staat op de lijst van de topscorers van België. Ging tijdens WK '74 gebukt onder de vaak naar links uitwijkende Cruijff, in wiens dienst iedereen nu eenmaal spelen moest. Ook een slangenmens. In 1978 was hij, verlost van de Verlosser, Nederlands beste speler. Schoot in de finale tegen Argentinië kort voor tijd op de paal. En dat was maar goed ook. Stel je voor dat we in '78 wél wereldkampioen waren geworden. Hadden Cruijff en Michels dat ooit kunnen verwerken?

6 Frank Rijkaard (1962)

Mooiste carrière van het Nederlandse voetbal. Won in 1987 Europa Cup 2 met Ajax. In '88 Europees kampioen. Was de beste speler van het toernooi. Daarna twee Europa Cups met Milan. Kwam terug naar Ajax en won de Champions League. Toen Kluivert scoorde tegen Milan, liep Rijkaard vlak achter hem, even hongerig op zoek naar die goal. Rijkaard offerde zijn hele immense talent altijd op aan het resultaat. Zijn lichaam was onderduikadres van de mooiste schijnbewegingen.

FOTO ANP

Faas Wilkes aan de bal

FOTO ANP

FOTO NFP

4 Wim van Hanegem (1944)

Debuteerde, als speler van Xerxes/DHC, pas in 1968 in het Nederlands elftal, samen met Rob Rensenbrink. Van Hanegem was 24 en zou nog 52 interlands spelen, de meeste van deze top tien. Hij kon verdedigen en aanvallen, hij kon koppen, maakte slidings en in zijn linkervoet ging de beste pass van de wereld schuil. Was uitzonderlijk hard voor een speler met zo'n techniek. Er zijn mensen die beweren dat hij in 1974 de beste speler van het toernooi was.

5 Faas Wilkes (1923)

Klassieke tweebenige dribbel. Rond de fifties de beste binnenspeler van Europa. Vormde eind jaren veertig bij Inter op links een magische vleugel met de door Hellenio Herrera ooit zonder paspoort naar het westen gesmokkelde Hongaar Nyers, zoals beschreven in het boek over Faas door Martin W. Duyzings. O, wat zou ik dat boek graag hebben. Faas zal bij zijn leven meemaken dat zijn interlandrecord van 35 doelpunten (in 38 wedstrijden), zal worden verbeterd door Dennis Bergkamp. Hij was de enige international die bij het eten een glas rode wijn mocht drinken, omdat hij in Italië voetbalde. Speelde bij veel clubs in Europa, maar werd nooit kampioen. Beste interland was die tegen België in 1959: 9-1. (Wilkes 3x).

3 Abe Lenstra (1920-1985)

Wie je ook spreekt die Lenstra heeft zien spelen in zijn beste jaren, ze krijgen een dromerige blik in hun ogen, schudden het hoofd, halen de schouders op en zeggen: 'Abe kon alles.' Zo was hij bijvoorbeeld kampioen kortebaanschaatsen, maar die snelheid werd op het veld bij hem zelden waargenomen. Abe was de eeuwige metgezel van het woordje 'eigenzinnig'. Hij zat eens, op uitnodiging van Dick van Dijk, in zijn rolstoel aan de rand van het veld van Nice. In de rust vroeg de speaker of iemand die man kon komen weghalen die niet ophield de scheidsrechter te beledigen. Daar ging Dick, Monsieur Diek, vedette van de Côte d'Azur, de eretribune af en duwde de mopperende Abe het stadion uit, de zomernacht in.

2 Marco van Basten (1964)

Hoe is het mogelijk dat Nederland binnen veertig jaar die vijf aanvallers Wilkes, Lenstra, Bergkamp, Van Basten en Cruijff heeft voortgebracht? Landen als Duitsland, Italië en Spanje redden het in een eeuw niet eens. Nooit zullen we weten of Van Basten op weg was naar een met Cruijff gedeelde eerste plaats als beste Nederlandse voetballer ooit. Noch heeft het zin te verzuchten: als Van Basten in topvorm er in 1994 nu eens was bijgeweest. Die had Gullit wel in toom gehouden, die zou Rijkaard hebben opgepept, die had nooit toegestaan dat Wouters op Bebeto moest spelen. Helaas wordt Nederland slechts wereldkampioen in het koffiedik.

FOTO VOETBAL INTERNATIONAL

FOTO ROBERT COLLETTE / VOETBAL INTERNATIONAL

1 Johan Cruijff (1947)

Beste Nederlandse voetballer aller tijden. Daar wil ik niemand tegen horen protesteren. Een van de beste die de wereld ooit zag. Domineerde zijn elftallen, domineerde zijn generatie, domineerde zijn coaches. Hier past het Godfried Bomans-citaat uit 1971: 'Johan Cruijff doet in zoverre aan een engel denken dat ook een engel niet aan de zwaartekracht onderhevig is. Ik heb hem vaak zien spelen en mij dan telkens verwonderd dat hij na afloop gewoon met de anderen mee het veld afliep en niet opsteeg en over de tribunes heen aan de einder verdween.'

DE BESTE HONDERD

#	Name	#	Name
1	Johan Cruijff	26	Cor van der Hart
2	Marco van Basten	27	Gerrie Mühren
3	Abe Lenstra	28	Jan Wouters
4	Wim van Hanegem	29	Kees Rijvers
5	Faas Wilkes	30	Jan Peters
6	Frank Rijkaard	31	Willy Brokamp
7	Rob Rensenbrink	32	Frans de Munck
8	Johan Neeskens	33	Ronald de Boer
9	Ruud Gullit	34	Arnold Mühren
10	Rinus Israel	35	Tonnie van der Linden
11	Willy Dullens	36	Henk Groot
12	Dennis Bergkamp	37	Hugo Hovenkamp
13	Piet Keizer	38	Johnny Rep
14	Jan van Beveren	39	Frank de Boer
15	Ruud Krol	40	Jan Klijnjan
16	Willy van der Kuijlen	41	Wim Jonk
17	Ronald Koeman	42	Wim Rijsbergen
18	Bep Bakhuys	43	Charlie Bosveld
19	Coen Moulijn	44	Sjaak Swart
20	Wim Suurbier	45	Theo de Jong
21	Bertus de Harder	46	Ruud Geels
22	Wim Jansen	47	Piet van der Kuil
23	Puck van Heel	48	Daan Schrijvers
24	Kick Smit	49	René van de Kerkhof
25	Frans Thijssen	50	Richard Witschge

51	Gerald Vanenburg		76	Epi Drost
52	Erwin Koeman		77	Coen Dillen
53	Simon Tahamata		78	Cor Veldhoen
54	Rinus Terlouw		79	Michel van de Korput
55	Piet Schrijvers		80	Jaap Stam
56	Jan Poortvliet		81	Frans Bouwmeester
57	Roel Wiersma		82	Jan Mulder
58	Danny Blind		83	Aad Mansveld
59	Willy van de Kerkhof		84	Aron Winter
60	Peter Houtman		85	Reinier Kreyermaat
61	Theo Pahlplatz		86	Wim Kieft
62	Arie Haan		87	Frits Flinkevleugel
63	Bennie Wijnstekers		88	Theo Laseroms
64	Kees Kist		89	Henk Schouten
65	Tinus Bosselaar		90	Jo Bonfrère
66	Bennie Muller		91	Dick van Dijk
67	Pummie Bergholz		92	Adri van Tiggelen
68	Jan Klaassens		93	Fons van Wissen
69	Berry van Aerle		94	Hans Eykenbroek
70	Edwin van der Sar		95	Humphrey Mijnals
71	Mick Clavan		96	Rinus Bennaars
72	Tsjen-la-Ling		97	John van 't Schip
73	Edgar Davids		98	Peet Petersen
74	Henk Wery		99	Clarence Seedorf
75	Dick Nanninga		100	Hans van Breukelen

MAAK UW EIGEN LIJSTJES EN OPSTELLINGEN
(met hulp van Henk Spaan)

Beste voetballers aller tijden

Henk Spaan:

1. PELE
2. DIEGO MARADONA
3. JOHAN CRUIJFF
4. ALFREDO DI STEFANO
5. GARRINCHA
6. FRANZ BECKENBAUER
7. GEORGE BEST
8. FERENC PUSKAS
9. GERD MÜLLER
10. RONALDO

Uw eigen lijstje:

1. ....
2. ....
3. ....
4. ....
5. ....
6. ....
7. ....
8. ....
9. ....
10. ....

Beste keepers aller tijden

Henk Spaan:

1. LEV YASHIN
2. GORDON BANKS
3. HANS TILLKOVSKY
4. MICHEL PREUDHOMME
5. SEPP MAIER
6. PETER SHILTON
7. JAN VAN BEVEREN
8. RINAT DASSAJEV
9. RONNIE HELLSTRÖM
10. EDWIN VAN DER SAR

Uw eigen lijstje:

1. ....
2. ....
3. ....
4. ....
5. ....
6. ....
7. ....
8. ....
9. ....
10. ....

Grootste schoppers aller tijden

Henk Spaan:

1. GOICOECHEA
2. CAMACHO
3. GENTILE
4. FERRI
5. BILARDO
6. ROSATO
7. STILES
8. VAN DER EIJKEN
9. LASEROMS
10. BOLI

Uw eigen lijstje:

1. . . . .
2. . . . .
3. . . . .
4. . . . .
5. . . . .
6. . . . .
7. . . . .
8. . . . .
9. . . . .
10. . . . .

Beste linkspoten van Nederland

Henk Spaan:

1. WIM VAN HANEGEM
2. ROB RENSENBRINK
3. WILLY DULLENS
4. PIET KEIZER
5. WILLY V.D. KUIJLEN
6. COEN MOULIJN
7. BERTUS DE HARDER
8. EDGAR DAVIDS
9. ARNOLD MÜHREN
10. SIMON TAHAMATA

Uw eigen lijstje:

1. . . . .
2. . . . .
3. . . . .
4. . . . .
5. . . . .
6. . . . .
7. . . . .
8. . . . .
9. . . . .
10. . . . .

Beste wereldelftal aller tijden

Maak hier uw eigen opstelling

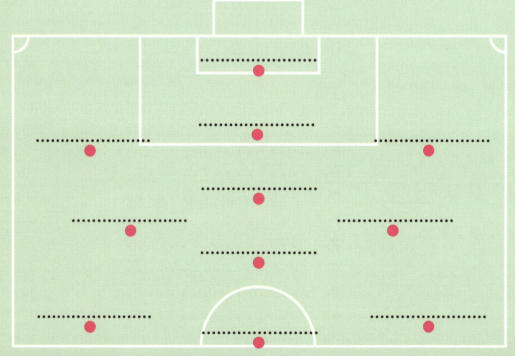

Beste Nederlands elftal aller tijden

Maak hier uw eigen opstelling

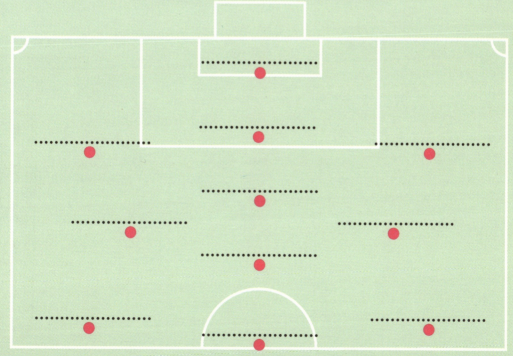

Beste kleurrijk Nederlands elftal aller tijden

Maak hier uw eigen opstelling

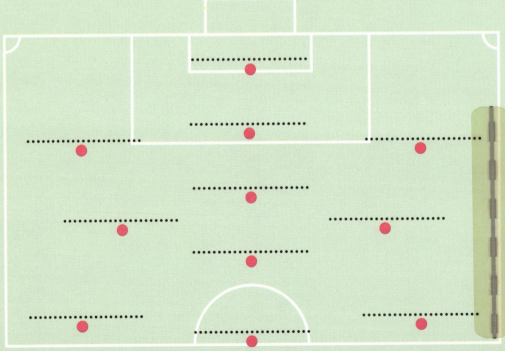

Beste elftal van buitenlanders in Nederland aller tijden

Maak hier uw eigen opstelling